VIE

POLITIQUE ET MINISTÉRIELLE

DU COMTE

JULES-AUGUSTE-ARMAND-MARIE

DE POLIGNAC,

Ex-président du conseil des ministres en 1829,
sous le règne de l'ex-roi Charles X.

A tous noms dont la désinence
Se fait entendre en *ic*, en *ac*,
Gardez-vous d'avoir confiance ;
Car aussitôt, *ab hoc, ab hac*,
On vous traite sans indulgence
Comme gens de corde et de sac.

A PARIS,

CHEZ GAUTHIER, EDITEUR, RUE MAZARINE, N° 49;
VEZARD, LIBRAIRE, PASSAGE CHOISEUL, N° 46.

1830.

JULES-AUGUSTE-ARMAND-MARIE

DE POLIGNAC,

Né à Paris en 1780.

VIE

POLITIQUE ET MINISTÉRIELLE

DU COMTE

JULES-AUGUSTE-ARMAND-MARIE

DE POLIGNAC.

LE comte Jules-Auguste-Armand-Marie de Polignac, pair de France, maréchal-de-camp, chevalier de Saint-Louis et de la Légion-d'Honneur, naquit en 1780 *. Il eut pour marraine la reine Marie-Antoinette, épouse de Louis XVI. Toutes les illusions de la grandeur entourèrent son berceau, mais bientôt la révolution de 1789 vint les dissiper.

Il sortit de France à cette époque. Lui et Armand, son frère, suivirent leurs parens en pays étranger. Ils se réfugièrent d'abord en Suisse; de là ils passèrent à Turin, puis à Rome, puis à Venise, puis à Vienne. Là, dans cette dernière ville, ils perdirent leur mère.

Touchée des malheurs de cette famille, l'impératrice de Russie, Catherine II, fit proposer à M. de Polignac père, par M. le comte de Potoski, son ambassadeur à Vienne, de se retirer sur des terres qui

---

* Il était un des enfans du duc de Polignac, pair de France, et de Gabrielle-Yolande-Claude Martine, née Polastron, gouvernante des enfans de France, et favorite de Marie-Antoinette.

lui seraient fournies en Ukraine, province de la Russie. M. de Polignac accepta.

Vers le commencement de l'an iv, il se rendit, non sans beaucoup de fatigues, dans cette contrée lointaine et à demi sauvage, avec toute sa famille, composée de ses deux fils Armand et Jules, de sa belle-fille, l'épouse d'Armand, de Mme de Guiche, sa propre fille, et d'un enfant en bas âge.

Cette colonie arrivée en Ukraine, on lui assigna une assez grande étendue de terrain, avec un village composé de quelques misérables cabanes de paysans, dans l'une desquelles la famille Polignac fut obligée de se loger provisoirement, manquant des meubles de première nécessité, et à peine à l'abri des injures de l'air.

L'empereur Paul 1er, ayant succédé à Catherine, fut encore plus généreux que sa mère. Il améliora le sort des Polignac ; il leur fit don d'une starostie assez considérable en Lithuanie, partie de l'ancienne Pologne réunie à la Russie. Ce don fut encore augmenté depuis par feu l'empereur Alexandre 1er.

Les Polignac passèrent environ quatre années, tous réunis dans cette solitude, s'occupant des travaux champêtres.

En l'an x, la famille, à l'exception du père, quitta son habitation et se mit à voyager. Arrivés à Munster, Armand et Jules Polignac y passèrent environ six mois, et de là se rendirent en Angleterre où ils firent leur cour au comte d'Artois.

En 1804, Jules et Armand accompagnèrent Georges Cadoudal et les autres conjurés qui se rendirent à Paris, dans l'espoir de s'emparer à main armée de la personne du premier consul Bonaparte, et même de le tuer. Ce projet ayant été déjoué par la surveillance active de la police, Georges Cadoudal et ses compagnons furent successivement arrêtés et traduits devant le tribunal criminel, qui, le 10 juin de la même année, en condamna plusieurs à mort. De ce nombre fut le comte Armand de Polignac. Quant à son frère Jules, il fut condamné à une détention de deux années, qui fut prolongée par l'effet des craintes qu'inspirèrent les intelligences qu'il ne cessa d'avoir avec les agens royalistes.

Après avoir été transféré dans différentes prisons, Jules de Polignac parvint à s'échapper, et fut, par suite du retour du roi, comblé d'honneurs et de dignités.

Au mois de mai de la même année, il fut envoyé en qualité de commissaire extraordinaire dans la 10ᵉ division militaire à Toulouse. Il fut ensuite nommé ministre plénipotentiaire à la cour de Munich ; mais, au lieu de se rendre à cette destination, il alla à Rome remplir une nouvelle mission dont le roi l'avait chargé.

Au mois de mars 1815, il suivit la cour à Gand, d'où il fut immédiatement envoyé sur les frontières de la Savoie, afin d'y rallier les royalistes errant sans direction. Il remplit cette mission avec plus de zèle que de prudence ; mais s'étant trop avancé dans les lignes de l'armée des Alpes, il fut fait prisonnier avec le comte de Mac-Carthy, investi des mêmes pouvoirs. Il trouva bientôt les moyens de s'échapper, en traversant les avant-postes français, et contribua, au moyen des intelligences qu'il avait dans Grenoble, à la reddition de cette place.

M. Jules de Polignac obtint alors une grande influence dans les départemens méridionaux, et devint pair de France le 17 août 1815.

Il fut du nombre des pairs qui, lors de leur admission, refusèrent d'abord de prêter serment, et qui motivèrent ainsi leur refus :

1° Le serment leur paraissait blesser l'intérêt de la

religion. On sait quel intérêt M. de Polignac porte aux jésuites et aux capucins.

2° On n'avait donné connaissance à aucun pair de la teneur de ce serment, avant de leur proposer de le prêter. Personne n'ignore quelle est la délicatesse de conscience de M. de Polignac, dont il a donné plusieurs exemples mémorables.

3° Le serment était différent de celui qu'on devait prêter aux termes du réglement de la Chambre. Nouveau scrupule de M. de Polignac.

Un passage du discours du roi, prononcé à l'ouverture de la session de 1816, ayant dissipé tous les doutes sur ce qui était relatif à la religion, MM. de Périgord, maréchal de Vioménil, de la Bourdonnaye, Jules de Polignac, etc., tous personnages à conscience timorée, rassurés sur ce premier point, abandonnèrent les autres et prêtèrent leur serment.

Le comte Jules de Polignac, marié en 1816, à M¹¹ᵉ Campbell, appartenant à une famille écossaise distinguée, fut attaché à la personne de Monsieur, en qualité d'aide-de-camp.

M. de Polignac, toujours dans la haute faveur du Roi et de Monsieur, fut nommé ambassadeur en Angleterre, non pas pour les intérêts de la France, mais pour ceux de la famille royale, des jésuites, de l'ancienne noblesse, et de tous les anciens valets de cour. Très-humble serviteur de Wellington, il ne se conduisit que d'après les conseils de cet ennemi des Français, nommé maréchal de France par la grâce de Louis xviii.

Son ambassade à Londres ne l'empêchait pas de revenir de temps en temps à Paris et d'aller respirer l'air du cabinet des Tuileries, pour s'informer s'il n'y avait pas quelque porte-feuille de vacant. Louis xviii vivait encore; et ce prince, qui n'avait pas une grande opinion de la capacité de M. de Polignac, engagea l'ambassadeur à renoncer à ses prétentions. D'ailleurs M. de Villèle n'était pas homme à se laisser souffler son porte-feuille. M. de Polignac, voyant qu'il ne parviendrait jamais à son but, prit le parti de rester tranquille dans son ambassade à Londres.

A la mort de Louis xviii, M. de Polignac repassa la Manche, et se présenta à Charles x, qui venait de succéder au trône, pour solliciter un porte-feuille. Ce prince était assez porté à accorder à son favori l'objet de sa demande ; mais Villèle était là, Villèle qui ne voulait point avec lui un personnage qui pouvait le culbuter, intrigua avec assez d'habileté, secondé de la Camarilla, pour éloigner le postulant, qui prit le parti de retourner en Angleterre.

Lorsque le ministère Villèle fut renversé, M. de Polignac quitta Londres et revint à Paris, où Charles x lui fit le plus grand accueil, et lui manifesta en même temps qu'il arrivait encore trop tôt. « Ce qui est différé, n'est pas perdu, mon cher Polignac, et soyez persuadé qu'au premier moment, je vous appellerai auprès de moi. Mais, pour le moment, des difficultés imprévues m'empêchent de satisfaire vos désirs ; prenez, prenez patience ; tout vient à point à qui peut attendre. »

Le favori, un peu désappointé, retourna tristement en Angleterre, où il se concerta avec Wellington, pour ne pas faire des voyages inutiles.

Le moment enfin qui devait combler ses vœux arriva, et le 8 août 1829, il fut nommé ministre des affaires étrangères et président des nouveaux ministres qui furent nommés avec lui. Alors commença, de la part de la cour et de ses ministres, cette conspiration pour anéantir la Charte et les libertés du peuple français. On voulait un budget, et il fallait nécessairement une assemblée pour le voter. On convoqua donc les colléges électoraux pour nommer les députés des départemens. Alors, pour avoir une majorité dans les élections, on fit jouer tous les ressorts de la fraude et de la corruption. Le ministère usa même des moyens les plus vils pour se faire une majorité, à l'aide de laquelle il ferait passer les sinistres projets de lois qu'il avait préparés, et surtout le budget qui était le point de mire des vautours publics. Les fonctionnaires, qui refusèrent de voter en faveur de la cause des ministres, furent destitués. Des journalistes déhontés * avaient vendu leur plume à Polignac et compagnie, pour vanter les douceurs du règne du bon plaisir. Il semblait que tous les efforts de la malveillance allaient être couronnés du succès, mais il en fut autrement. Les électeurs avaient senti que le triomphe des ministres amènerait le triomphe de toutes les fausses doctrines, d'où résulterait un despotisme qui ferait du peuple français une population d'ilotes.

En vain le ministère Polignac, se raidissant contre les obstacles, avait dit : « Le roi, Messieurs, sachez-le bien, ne cédera pas ses droits à une Chambre factieuse; il la dissoudra une première fois, une second fois, s'il le faut; — puis enfin que fera-t-il? » C'est alors que M. de Polignac, d'un geste demi-mystérieux, demi-menaçant, montrait au fond de sa toque ministérielle l'article 14 de la Charte. « Aux grands maux les grands remèdes, disait Son Excellence, avec un soupir étouffé, j'aurai fait mon devoir : le mal, s'il en résulte, retombera sur les députés félons qui n'auront pas rempli le leur. »

La Chambre des Députés assemblée, le discours

---

* Les rédacteurs de *la Gazette de France*, de *la Quotidienne* et du *Drapeau-Blanc*, gens pour qui la conscience est un vain mot, et qui ne reconnaissent pour divinité que le veau d'or.

de la Couronne fit sous-entendre à peu près quel était le but des ministres. La majorité de l'assemblée, dans sa réponse à ce discours, se prononça contre les ministres, en déclarant nettement leur incompatibilité avec la chose publique.

Charles x, qui ne voyait que par les yeux de M. de Polignac, contre ses propres intérêts, prorogea la Chambre, première faute qui en entraîna ensuite bien d'autres, comme on le verra par la suite de cet ouvrage *.

La prorogation n'ayant pas porté les fruits qu'on en attendait, on crut à propos de dissoudre la Chambre et d'en convoquer une nouvelle, qui pourrait être plus complaisante. Le ministère se trompa encore une fois, et la majorité se prononça contre lui. Désespérant alors d'avoir en leur faveur cette Chambre, Polignac, Peyronnet et compagnie la firent dissoudre, même avant qu'elle fût assemblée, et préparèrent alors leur fameux coup d'Etat,

Les fameuses ordonnances rendues le 25 parurent dans *le Moniteur* le 26. Les Parisiens virent alors qu'il n'y avait plus rien à attendre du gouvernement Polignac, et qu'il fallait, de leur côté, se préparer à la résistance.

Le 27, le peuple commença à s'armer contre les troupes de Charles x, et le combat s'engagea. Mais, mal armé, ce même peuple fut d'abord victime de son dévouement. Le 28, la garde nationale fut organisée autant qu'elle pouvait l'être dans un pareil moment. Les jeunes gens de l'Ecole de Droit et de Médecine se joignirent à elle, et les admirables élèves

---

* Le 20 mars 1830, M. de Talleyrand disait à M. de Polignac : « Prorogerez-vous ? — Je prorogerai. — Eh bien! je vais acheter des terres en Suisse. »

de l'École Polytechnique se mirent à la tête des masses du peuple.

Les journées des 28 et 29 furent terribles ; on se battit pendant seize heures, et les Parisiens, presque sans armes, parvinrent à enfoncer les troupes royales et à les chasser de tous leurs postes.

S'attendant à de nouveaux combats, le peuple de Paris dépava les rues, éleva des barricades, et fit des préparatifs pour repousser la force par la force. Un gouvernement provisoire s'organisa aussitôt, et le duc d'Orléans fut nommé par l'assemblée des Députés lieutenant-général du royaume.

Que faisaient pendant ce temps Charles x, Polignac et compagnie ? D'abord retirés dans les caves du château des Tuileries, ils attendaient l'issue du combat, qu'ils prirent d'abord pour une échauffourée, persuadés qu'il en serait de l'insurrection des Parisiens comme du massacre qu'il y avait eu, rue Saint-Denis, sous le ministère de Villèle.

Mais, s'apercevant qu'ils s'étaient trompés dans leur calcul, ils évacuèrent les Tuileries et se retirèrent à Saint-Cloud. Ce fut dans ce château que Charles x apprit sa déchéance, et qu'il ne lui restait plus d'autre espoir que de renoncer à une couronne qu'il n'avait pas su porter, et d'autre ressource que de se retirer en pays étranger avec son cher Polignac.

Comme notre intention n'est pas d'entrer dans les détails des journées des 27, 28 et 29, et des événemens qui eurent lieu à leur suite, nous allons suivre Polignac, le fauteur du coup d'État, dans sa fuite avec le roi, et faire le récit de sa conduite dans cette circonstance ; mais, avant de l'entreprendre, nous croyons devoir citer quelques traits de ce favori de Charles x.

Le 5 juillet, M. de Polignac disait à Saint-Cloud, relativement à la convocation des Chambres : « Cette année, il n'y aura pas de discours, la Chambre est trop *gauche*, elle nous ferait encore quelque *maladresse.* » On voit que cet ex-ministre n'est pas maladroit en fait de calembourgs.

Il prétendait que, par son dernier coup d'Etat, il *sauvait* le roi. C'est le roi qui s'est *sauvé.*

On ne saurait se faire une idée du féroce aveuglement de Polignac. Le mercredi matin, 28 juillet, un ambassadeur demeurant dans les environs de l'hôtel des affaires étrangères, voyant sa rue et les boulevards encombrés de troupes, écrivit à l'ex-président du conseil pour lui demander une sauvegarde, afin que les gens de l'ambassade pussent circuler librement. « Je n'ai pas le temps d'écrire à M. l'ambassadeur, dit Polignac au porteur de la lettre ; mais vous pouvez rassurer Son Excellence... Ce n'est rien que tout cela ; dans deux heures tout sera fini. »

On a trouvé, dans les papiers du ministère de la guerre, une lettre adressée d'Alger par M. de Bourmont à M. de Polignac faisant l'*interim.*

Dans cette correspondance, le général en chef de l'expédition annonce qu'il réserve sur l'argent trouvé à la *Casauba* une somme de 43 millions qu'il espère que le roi jugera bon d'employer à acquitter l'arriéré de la Légion-d'Honneur. On a aussi trouvé la réponse de M. de Polignac, à peu près ainsi conçue :

« Mon cher maréchal,

» J'ai soumis votre lettre au roi. S. M. pense que vous avez fort bien fait de mettre 4 millions en réserve ; mais elle ne croit pas que l'on en doive faire l'emploi que vous proposez, *ce serait faire du bien à nos ennemis.* Gardez toutefois les millions mis de côté, le roi en fera des largesses particulières. »

Lorsque le roi et son favori furent convaincus qu'il fallait enfin sortir de la France, Charles X adressa à son cher Polignac ces mots : *Où irons-nous ?* De suite s'établit entre les deux personnages le dialogue suivant :

Charles. Mon cher enfant, le temps presse : ces scélérats de Parisiens nous poursuivent comme des bêtes fauves. Croira-t-on qu'ils ont l'infamie d'offrir à leur légitime souverain un sauf-conduit et 6 millions pour l'empêcher de mourir de faim ? Vous le voyez, les révolutionnaires sont capables de tout. Il est temps de nous montrer !..... fuyons ! mais où irons-nous ?

Polignac. Sire, *il ne s'agit que de vouloir ;* allons à Rome ; c'est là que toutes les grandes infortunes vont manger leurs millions de rentes. D'ailleurs le pape vous fera cardinal, à la recommandation du révérend père Rootham, cet excellent général des jésuites.

Charles. Mon cher enfant, il y a trop de Bonaparte à Rome. —

Polignac. Eh bien ! *il ne s'agit que de vouloir ;* allons chez votre cousin de Naples ; on y mange d'excellent macaroni.

Charles. Mon enfant, il y a trop de carbonaris par-là. Le trône de mon cousin n'est guère plus solide que n'était le mien.

Polignac. Eh bien ! *il ne s'agit que de vouloir ;* allons en Espagne.

Charles. Mon cher enfant, les bons des cortès ont augmenté de valeur à la Bourse de Paris.

Polignac. Il ne s'agit que de vouloir ; allons en Portugal.

Charles. Mon cher enfant, que saint Ignace nous en préserve ! Mon beau cousin, don Miguel Ier, serait dans le cas de me faire étrangler pour s'emparer de mes économies.

Polignac. *Il ne s'agit que de vouloir;* allons en Autriche.

Charles. Mon cher enfant, je crains Metternich; j'ai toujours eu peur de cet homme-là. Et puis il y a un petit duc de Reichstadt qui ne pourrait jamais vivre en bonne intelligence avec mon petit-fils, le duc de Bordeaux.

Polignac. Eh bien! *il ne s'agit que de vouloir;* allons en Suède.

Charles. Eh! mon cher enfant, y songez vous? aller chez Bernadotte, chez un malotru couronné! fi donc! vous n'y pensez pas!

Polignac. *Il ne s'agit que de vouloir;* allons auprès de Mahmoud.

Charles. Mon cher enfant, Mahmoud n'est pas assez congréganiste; et d'ailleurs, pour se venger de la guerre d'Alger, il nous ferait empaler.

Polignac. *Il ne s'agit que de vouloir;* je ne vois plus que l'Angleterre; mais je ne vous en parle pas. Wellington m'a écrit que j'étais un sot.

Charles. Mon cher enfant, je le sais, et Guillaume a dit que nous étions fous.

Polignac. C'est vrai : et John Bull nous accueillerait fort mal. Décidément, *il ne s'agit que de vouloir;* et puisque nous ne pouvons nous retirer ailleurs, donnons la préférence au Paraguay. C'est un peuple de jésuites.

Charles. Oh Dieu! mon cher enfant! et dites-moi, peut-on chasser dans ce pays-là?

Polignac. Parbleu! je crois bien, *il ne s'agit que de vouloir.* Le pays est rempli de bêtes.

Charles. Mon cher enfant, nous y serons fort bien, selon toute apparence. Allons! puisque les révolutionnaires nous contraignent, il est temps de tenir parole; *montons à cheval....* pour l'autre monde.

Cependant, la cour arrivée à Rambouillet, s'apprêta à poursuivre sa route vers Cherbourg. M. de Polignac accompagnait son cher maître ; mais craignant d'être arrêté, il quitta la cour et se dirigea vers la Bretagne. Reconnu sous l'habit de domestique, près de Granville, et conduit à Saint-Lô, il écrivit la lettre suivante à M. le baron Pasquier, pour être communiquée à la Chambre des Pairs :

Saint-Lô, le 17 août 1830.

« Monsieur le baron,

» Arrêté à Granville, au moment où, fuyant les tristes et déplorables événemens qui viennent d'avoir lieu, je cherchais à passer dans l'île de Jersey, je me suis constitué prisonnier entre les mains de la commission provisoire de la préfecture de la Manche ; le procureur du Roi de l'arrondissement de Saint-Lô, ni le juge d'instruction n'ayant pu, d'après les termes de la Charte, décerner un mandat contre moi, dans le cas, ce que j'ignore, où le gouvernement ait donné des ordres pour m'arrêter, ce n'est que de *l'autorité de la Chambre des Pairs*, dit l'art. 29 de la Charte actuelle, conforme en cela à l'ancienne Charte, qu'*un membre de la Chambre des Pairs peut être arrêté.*

» Je ne sais ce que fera la Chambre à ce sujet, et si elle mettra sur mon compte les tristes événemens de deux jours que je déplore plus que qui que ce soit, qui sont arrivés avec la rapidité de la foudre au sein de la tempête, et qu'aucune force, aucune prudence humaines ne pouvaient arrêter, puisqu'on ne savait, dans ces terribles momens, à qui entendre, ni à qui s'adresser, et qu'on ne pouvait tout au plus que défendre ses jours.

» Mon désir, Monsieur le baron, serait qu'on me permît de me retirer chez moi pour y reprendre les habitudes d'une vie paisible, les seuls qui soient conformes à mes goûts, et auxquelles j'ai été arraché malgré moi, comme le savent ceux qui me connaissent. Assez de vicissitudes ont rempli mes jours, assez de revers ont blanchi ma tête dans le cours de la vie orageuse que j'ai parcourue ; au moins ne peut-on me reprocher, dans les momens de ma prospérité, d'avoir jamais conservé un souvenir d'aigreur contre ceux qui avaient abusé de leur force à mon égard, dans le temps de mon adversité ; et en effet, Monsieur le baron, où en serions-nous, tous tant que nous sommes, au milieu de ces changemens continuels que présente le siècle où nous vivons, si les opinions politiques de ceux qui sont frappés par la tempête devenaient des délits ou des crimes aux yeux de ceux qui embrassent des opinions politiques plus heureuses ?

» Si je ne pouvais obtenir la permission de me retirer tranquillement dans mes foyers, je désirerais qu'il me fût permis de me retirer à l'étranger avec ma femme et mes enfans. Si enfin la Chambre des Pairs voulait prononcer mon arrestation, je désirerais qu'elle fixât le lieu où je serais retenu, au fort de Ham, en Picardie, où j'ai long-temps été détenu dans la longue captivité que j'ai éprouvée dans ma jeunesse, ou dans quelque citadelle commode et spacieuse à la fois. Ce lieu (Ham)* conviendrait mieux que tout autre à l'état de ma santé, affaiblie depuis

---

* C'est de ce château fort que M. Jules de Polignac s'était échappé après sa condamnation, dans l'affaire de la machine infernale de la rue Saint-Nicaise.

quelque temps, et altérée surtout depuis les derniers événemens qui se sont passés.

» Les malheurs de l'honnête homme doivent mériter quelques égards en France ; mais, dans tous les cas, Monsieur le baron, il y aurait, j'oserais presque dire, quelque chose de barbare à me faire amener dans la capitale en ce moment, où tant de préventions ont été soulevées contre moi, préventions que ma seule voix ne peut apaiser, que le temps seul peut calmer. Depuis long-temps, je ne suis que trop accoutumé à voir toutes mes intentions représentées sous le jour le plus odieux. Je vous ai soumis tous mes désirs, Monsieur le baron ; je vous prie, ignorant à qui m'adresser, de vouloir bien les soumettre également à qui de droit, et d'agréer ici l'assurance de ma haute considération.

» *Signé*, le prince DE POLIGNAC.

» *P. S.* Je vous prie également de vouloir bien me faire accuser réception de cette lettre. »

Cette lettre, modèle d'impudence et de fatuité, donne lieu à quelques débats, et est renvoyée à une commission pour en faire un rapport.

Le prince, à Saint-Lô, subit l'interrogatoire suivant :

« D. Quels sont vos noms, prénoms, âge, qualité, lieu de naissance ? — R. Auguste-Jules-Armand-Marie prince de Polignac, pair de France, âgé de cinquante ans, né à Paris, domicilié dans cette ville.

» D. Vous avez été arrêté à Granville : qu'y alliez-vous faire ? — R. J'allais passer à Jersey.

» D. Quel motif vous engageait de passer à Jersey ? — R. D'après toutes ces malheureuses affaires, je craignais d'être inquiété.

» D. N'est-ce pas vous l'ancien président du conseil des ministres, et, comme tel, signataire du rapport au roi et des ordonnances du 25 juillet?—R. Oui.»

Voici une autre lettre de M. de Polignac, écrite au ministre des affaires étrangères, qui donne la juste mesure de l'esprit et de la niaiserie de cet ex-ministre :

« Mon cher collègue,

» Je vous prie de m'envoyer sur-le-champ des habits qui sont dans une armoire de ma chambre à coucher, et dont j'ai le plus grand besoin.

» Faites donc cesser cette arrestation inconvenante; je ne demande qu'à me retirer dans mes terres pour y oublier complètement la politique. »

La pièce suivante, intitulée : « L'armoire de fer de Polignac, correspondant de l'ex-roi, trouvée dans ladite armoire, ainsi qu'une liste qui indique les noms des personnages qu'ils désignaient à la mort, et des premières autorités payées pour exciter une contre-révolution, » mérite de trouver place ici.

Lorsque M. Molé est arrivé aux affaires étrangères pour y prendre la place qu'occupait depuis dix jours M. le maréchal Jourdan avec M. le général Pelet, on venait de faire la découverte, dans certains secrétaires de réserve soigneusement fermés, de pièces de la plus haute importance. Ces pièces sont, entre autres, la correspondance intime de Charles x avec son ami Polignac, les divers plans de contre-révolution arrêtés contre le peuple français, qui en a si miraculeusement arrêté l'exécution dans ces derniers jours, une liste d'agens contre-révolutionnaires, de membres des premières autorités, d'écrivains politiques et périodiques salariés, l'énonciation des sommes régulièrement données à tous ces instrumens de crime. Nous savons positivement les noms de plusieurs des infâmes que nous ne faisons qu'indiquer en ce moment. On a vu la liste honorable des victimes qu'ils désignaient à la mort. Il n'est pas fort étonnant d'apprendre que toutes ces pièces ont été trouvées accompagnées de plusieurs symboles de dévotion, d'amulettes, de scapulaires, de poignards remarquables par le luxe et la finesse de l'acier. Les actes de la Saint-Barthélemi de Charles ix ne furent pas sans doute autrement préparés et libellés.

Une circonstance peu connue, et qui prouve que déjà depuis long-temps Polignac prenait ses mesures pour le coup d'État qui l'a renversé, ainsi que son maître, c'est que, vers la fin de juin, un ancien garde-du-corps étant allé dîner à Saint-Cloud avec ses camarades, on vint annoncer pendant le repas que la paye de ces messieurs serait augmentée de 200 fr., à compter du 1er juillet. A cette nouvelle, un garde-du-corps s'écria : « Voilà donc enfin l'heure du coup de collier arrivée, on augmente nos appointemens. »

D'après les ordres du gouvernement, Polignac est arrivé de Saint-Lô à Vincennes, dans la nuit du 26 au 27, dans une voiture particulière, sous l'escorte d'un officier d'état-major. Le procureur-général et le procureur du Roi qui l'attendaient, l'ont écroué au donjon, dans la même chambre où il avait été enfermé en 1802, lors de l'affaire de la machine infernale.

Le 28, une commission de la Chambre des Députés se rendit à Vincennes pour interroger M. de Polignac.

Ce prisonnier a éprouvé et témoigné une vive satisfaction du parti pris de le faire interroger à Vincennes, au lieu de l'appeler à Paris ; ce qui l'eût exposé aux regards de la population.

Polignac semble ne pas comprendre sa position ;

l'assurance ou plutôt l'insouciance et la légèreté polie de cet homme qui fut pendant près d'une année le président du conseil d'un roi de France, déconcertent les personnes les moins étrangères aux mérites et aux capacités de cour.

IMPRIMERIE LE NORMANT FILS, RUE DE SEINE, N° 8.